QUELQUES EXPLICATIONS

SOUMISES

AUX HOMMES

DU DROIT NATIONAL

SUR LES AFFAIRES ROYALISTES

PAR M. PAUL DE LOURDOUEIX

<hr>

PERPIGNAN.

IMPRIMERIE DE JEAN-BAPTISTE ALZINE,

rue des Trois-Journées, 1.

1850.

QUELQUES EXPLICATIONS

AUX HOMMES DU DROIT NATIONAL

SUR LES AFFAIRES ROYALISTES.

I.

Questions.

Il y a de cela quelques semaines. A travers les ténèbres de l'incertitude et du deuil, épaissies sur l'avenir de notre France, un brillant rayon d'espoir venait de percer.

Par-delà nos frontières, rassemblé sur l'appel d'une voix auguste et chérie, un chœur nombreux de voix fidèles venait de s'essayer à l'hosannah du retour. Cent mille fois plus nombreux encore, un autre chœur, non moins dévoué, non moins fidèle, pour se dédommager d'avoir dû laisser sa place vacante aux entrevues de l'exil, servait d'écho, sur les rives de la patrie, aux accents extérieurs des heureux pèlerins. A ces chaleureuses harmonies, consolant ressouvenir des fêtes d'un temps prospère, déjà le pays applaudissait ; les plus vives hostilités paraissaient s'amortir, l'indifférence était

1850

touchée. Comment de douloureuses discordances sont-elles venues suspendre le concert de foi, d'espérance et d'amour?

Wiesbaden, ville hospitalière, dont le nom devenu français, résonnait hier si doucement à l'oreille de nos cœurs, comment ta pensée provoque-t-elle à présent les gémissements de la patrie, rendue depuis un jour à toutes les souffrances de son veuvage?

Quand un si beau jour s'annonçait, quelles sombres vapeurs, soulevées à l'horizon, viennent en obscurcir l'aurore? Est-ce un épais brouillard, berceau de sinistres nuées, destinées à perpétuer encore sur nos têtes le règne des orages et de l'obscurité? Ou bien n'est-ce au contraire que la dernière brume de la nuit désormais vaincue, dont le froid vêtement, abandonné dans sa fuite, appartient aux trophées de l'astre triomphant qui va surgir?

Pour fixer ces incertitudes, d'un poids si lourd sur l'âme de nos amis, disons mieux, sur le cœur de la France, nous avons cru devoir approfondir la situation que de récents épisodes ont faite (passagèrement, nous l'espérons) à la grande cause du principe héréditaire.

La rude netteté d'expressions employée, depuis quelques jours, contre les hommes du Droit National, autorisera de notre part une égale franchise de langage, sur le compte de nos contradicteurs. Nous nous félicitons de cette indépendance permise, par l'exemple, à notre pensée ; mise en partage, elle doit nécessairement profiter à la vérité.

II.

Résultat capital des Conférences de Wiesbaden.

Trop exclusivement occupés des cordiales effusions de Wiesbaden, les spectateurs éloignés, nos amis du Droit National surtout, ont trop facilement pris le change, à notre avis, sur la nature et l'importance relatives des diverses résolutions arrêtées dans les conférences du Roi.

Pour s'éclairer à cet égard, il faut, avant tout, commencer par se rendre compte de la marche imposée au parti légitimiste, depuis deux ans, du fait des principales influences qui le gouvernent, de l'une d'elles surtout, trop aveuglément ménagée par la Presse et par l'opinion jusqu'à ce jour, pour qu'il ne nous soit pas permis de justifier notre présente sévérité, par les funestes résultats d'une semblable indulgence.

Nous n'apprendrons à personne aujourd'hui que, depuis nombreuses années avant 1848, une funeste camaraderie d'État avait dangereusement compromis M. Berryer dans les liens et les exigences d'une amitié, dont le regard public n'avait pas toujours méconnu le scandale.

La République survenue, cette amitié, cette camaraderie de l'avocat légitimiste à l'avocat révolutionnaire et carbonaro, purifiées en apparence par le fait d'une proscription com-

mune, semblèrent se réhabiliter par la nécessité systématique d'une coalition des partis
vaincus.

Il était pourtant bien facile, dès-lors, d'ob-
server que M. Thiers, plus que jamais amoin-
dri par la chute d'un régime politique dont il
avait été le père, et dont la fatalité vengeresse
des circonstances l'avait, au 23 février, rendu le
fossoyeur, n'apportait plus en dot à l'alliance
légitimiste qu'un savoir-faire condamné par
l'épreuve, avec un talent de rhéteur sceptique
et suspecté; mais M. Berryer se crut permis de
sacrifier à la consécration de ses anciens rapports et de ses condescendances passées, la
juste popularité puisée par son parti dans la
démolition même du petit grand homme de
Juillet, et de l'édifice anti-national élevé par
ses mains en 1830.

Comment l'ancien chef de la Droite entraîna-
t-il, pour un moment, dans ces funestes voies,
l'ensemble des représentants de son parti? Nous
ne nous expliquons pas le secret de cette in-
contestable influence, à moins qu'il ne faille le
rechercher dans ce prestige naturel de l'art et
de sa gloire, qui, par la fascination de l'esprit
et le charme des sens, a le don quelquefois
de suppléer à la persuasion des âmes. Quel
plus riche motif M. Berryer pouvait-il soumet-
tre à la magie de son harmonieux langage, que
cette soi-disant conciliation des nuances, fille
d'un passé qu'on oublie et d'un avenir qu'on
veut préparer? Quel thème plus saisissant pouvait s'offrir aux modulations journalières de
sa lyre?

Quels qu'en fussent les mystérieux ressorts,

l'influence de M. Berryer, impuissante, aux premiers temps de Février, à faire réélire M. Thiers dans son propre département des Bouches-du-Rhône, sut lui ouvrir, bientôt après, les accès de la représentation nationale, par le vote docile des légitimistes de Rouen.

Sous les auspices de notre parti, s'introduisit ainsi, dans l'atelier législatif, l'ouvrier le plus dangereux de dissolution et de haine, l'ennemi le plus invétéré de nos principes et de notre espoir.

Souple jusqu'à l'hypocrisie, mais non pas jusqu'à l'abandon de ses préventions contre nous, il afficha sur sa bannière, à l'exclusion de toute autre confession de principes, ces trois lieux communs de toutes les sociétés et de tous les temps : Religion, propriété, famille. M. Berryer se contenta de ce vague symbole. Il accepta et fit accepter cette formule de résistance, insuffisante pour une reconstruction.

Sur un programme si peu complet, il n'y avait pas lieu, pour la Droite, de se dessiner nettement dans cette attitude nationale que, depuis dix-huit ans, elle avait su prendre en s'associant à la défense et au progrès de nos libertés. Il lui convenait donc de se vouer au silence, sous peine de porter atteinte aux plans que M. Thiers, par l'entremise de M. Berryer, lui avait fait souscrire. Ce dernier lui-même, l'homme à la voix toute-puissante, renonçait bien aux luttes oratoires de la légitimité..!

Vint la chute de la Constituante. Dans la prévision des nouvelles élections, et pour fortifier, dans l'Assemblée future, son parti d'orléanistes qu'il visait secrètement à reconstituer, M. Thiers

inventa son système fameux de fusion électorale, dont le résultat devait être de faire partager nos candidatures à ses amis, dans les dé-
partements où nos forces étaient supérieures,
sans rien lâcher en notre faveur dans les autres
provinces où nous étions sans majorités. M.
Berryer souscrivit encore, et fit souscrire la
Droite, malgré le cri d'alarme de tant d'amis
mieux avisés. Et la Rue de Poitiers fut ouverte,
aboutissant par un côté au *Marché des Innocents*,
et par l'autre à l'*Impasse du Pont des Soupirs*.

Plus tard, M. Thiers avait besoin de démontrer au parti d'Orléans, ses nouvelles chances
politiques. Il lui importait notamment de rendre à la mère du Comte de Paris et le courage et l'espoir, pour en obtenir, à son tour,
des pouvoirs plus étendus, avec un crédit plus
manifeste. Il dut chercher alors quel témoignage
extraordinaire il pourrait offrir de la toute-
puissance de son action. Rien de plus fort apparemment ne pouvait être tenté par lui, dans
ce but, que la consécration législative du fameux DOUAIRE, impliquant la reconnaissance
des droits royaux des d'Orléans. M. Berryer
toujours constant dans ses inconcevables com-
plaisances, non seulement se prêta docile à ce
tour de force de son ami, mais encore il aborda
publiquement la tribune, systématiquement dé-
laissée par lui depuis des années, pour nous
entraîner à faire, comme lui dans cette cir-
constance, amende honorable aux d'Orléans et
aux orléanistes de notre opposition de vingt
ans à leur désastreuse souveraineté. C'est à
partir de ce jour qu'une inflexible résistance
s'est prononcée, dans l'exil du sol britannique,

contre toute reconnaissance des droits de la branche aînée.

M. Thiers s'était fait jusques-là trop beau jeu pour ne pas pousser la partie. Les élections complémentaires de Paris, au commencement de cette année, devaient lui servir encore d'occasion pour manifester aux partis l'importante résurrection de l'orléanisme : manifestation qu'il espérait faire ressortir avec éclat du succès des trois candidatures exclusivistes, mises en avant et soutenues par le célèbre comité qui, sous son enseigne hypocrite d'*Union électorale*, dissimulait fort mal un Grand Conseil de juste-milieu. Il s'en fallut de bien peu que l'influence de M. Berryer, sans cesse attelée au char de M. Thiers et de ses projets, ne broyât, sous ce char, nos dernières protestations pour l'indépendance et la dignité de notre drapeau politique.

Nous n'écrivons pas un traité d'histoire; aussi devrons-nous forcément, sous la rapidité de la plume, laisser bien incomplète cette analyse douloureuse de toutes les reprises de terrain concédées insensiblement à l'orléanisme par la droite parlementaire, sous les mêmes impulsions persévérantes. Nous ne pouvons pas cependant passer sous silence cette odieuse reconstitution du monopole électoral, accomplie le 31 mai, par MM. Thiers et Berryer de connivence, au mépris de tous nos principes, mais au profit de l'ancien parti de Juillet, puisque le peuple honnête de nos bannières n'est pas moins sacrifié, dans ses droits, que celui dont le vœu s'attache au triomphe des emblèmes les plus sinistres.

Telle était la route fatale, par laquelle on dirigeait depuis deux ans notre parti; véritable

Calvaire, sur la pente duquel, la Croix de l'abdication, en vue de nos principes, nous paraissait bien lourde, hélas! à supporter.

Nous devons dire, ici, très haut, que la fatalité de cette direction n'engageait pas au même titre la responsabilité de tous nos chefs.

Sans revenir parler des protestations incessantes de la Presse du Droit National; sans insister sur l'attitude indépendante de notre fier Breton, Henri de Larochejaquelein, dont nous aurons à nous entretenir plus tard, nous ne craignons pas de publier que la direction parlementaire n'avait l'entier assentiment ni de M. de Lévis, qui même avait, une fois, à notre connaissance, reçu mission de la désapprouver officieusement; ni de M. le duc Des Cars, qui s'en tenait à distance avec une affectation systématique et raisonnée; ni de M. de Saint-Priest, qui ne s'était pas fait faute d'y faire opposition dans les comités, et même dans ses votes à l'Assemblée.

Les indispositions motivées de tous ces personnages influents, le mécontentement chaque jour grandissant dans les masses, et, par-dessus tout, enfin, le dépérissement significatif de nos intérêts politiques; toutes ces circonstances appelaient l'intervention d'un auguste contrôle sur la marche et la direction du parti.

Les rencontres de Wiesbaden furent décidées alors.

Des conférences s'ouvrirent, auxquelles nos sommités politiques vinrent en grand nombre prendre part. Nous n'avons pas à déchirer le voile qu'une discrétion estimable a maintenu, jusqu'à cette heure, sur le cours de ces entretiens. Mais les conclusions sont connues. Leur nature même faisait une loi de leur publicité. De l'aveu général, *la direction parlementaire depuis deux ans suivie, est positivement condamnée à de prochains revirements.*

Cette condamnation, écrasante pour l'homme politique sur lequel elle s'appesantit, ruinera-t-elle l'édifice brillant de sa gloire, illustration du parti? Affaiblira-t-elle le ressort de son action, puissance féconde? Ébranlera-t-elle, au choc d'un orgueil offensé, les bases même de sa foi?

Toutes ces craintes doivent être éloignées. Les dangers sur lesquels elles reposent, dussent-ils exister par impossible, ont été prévenus par l'affectueuse sagesse du Roi.

Toutes les prévenances honorifiques, toutes les bonnes grâces extérieures, toutes les caresses officielles ont servi généreusement de miel sur les bords de la coupe amère qu'il fallait faire boire à l'ancien serviteur de la monarchie. On a prodigué des couronnes à cette illustre personnification d'erreurs vouées au sacrifice. Et comme s'il n'eût pas suffi de ce luxe d'égards pour les égarements d'un grand génie, on a voulu qu'il rapportât en France, victime lui-même d'une condamnation douloureuse, une autre victime à sacrifier.

Au chef parlementaire dont toute l'action pratique, depuis deux ans au moins, était désavouée après mûr examen, on a livré pour sa consolation le désaveu d'une formule mal comprise.

En un mot, M. Berryer a été autorisé à détourner contre nos doctrines de l'appel au peuple, malheureusement défigurées, tout le retentissement et tout l'éclat de la désapprobation par lui-mêmè encourue , pour sa pernicieuse tactique de fusion sans programme, de silence sans courage et d'attaques législatives à la liberté.

Nous respectons, malgré sa dureté pour nous, la touchante pensée de ce compromis étrange.

Peut-être bien, nous-même, entrerions-nous en participation de ce petit complot pour le sauvetage d'un grand homme, s'il pouvait être une considération dans ce monde propre à nous arracher le sacrifice d'une vérité. Mais nos principes ne nous appartiennent pas ; c'est nous qui leur appartenons au contraire, et qui devons, dans le besoin, nous sacrifier à leur succès.

C'est pour cela qu'après avoir montré, plus haut, ce qui s'est véritablement détruit et condamné sans retour aux conférences de Wiesbaden, nous allons fournir nos explications nettes et sincères sur la véritable logique de notre Appel au Peuple, qu'on tentera vainement de condamner et de détruire à Paris.

III.

L'Appel au Peuple, à Wiesbaden.

Qu'on n'attende pas, ici, de nous, une ample théorie apologétique de l'Appel au Peuple. Depuis dix années, que nous avons l'honneur d'appartenir à la Presse du Droit National, nous avons, avec assez de constance, étudié, défendu, propagé, développé cette thèse importante, pour ne pas craindre le reproche d'un dérobement systématique devant ses aspérités. Mais le fait est qu'en abordant aujourd'hui, par extraordinaire, les champs de la publicité non périodique, nous nous sommes surtout proposé de jeter dans la circulation lointaine quelques observations généralement omises par nos meilleurs organes. La démolition dogmatique des misérables arguments entassés par nos adversaires n'appartient donc pas à notre cadre. Les succès tout récents que d'autres ont conquis dans cette tâche, nous dispensent d'ailleurs de la tenter après eux. Sans parler, en effet, des inépuisables discussions de la *Gazette de France*, au sujet de laquelle notre admiration filiale doit rester sobre d'expressions, nous pouvons rappeler les magnifiques développements donnés à notre doctrine, il y a quelques jours à peine, par l'*Intérêt public* de Caen, le *Droit Commun* de Bourges, l'*Hermine* de Nantes; et principalement le remarquable plaidoyer de notre éloquent ami de Cambrai, M. Henri Carion, rédacteur en chef de l'*Emancipateur*, dont l'écrit mériterait de se graver dans toutes les mémoires.

Nous nous bornons à cette réfutation sommaire de la seule objection sérieuse que les adversaires de l'Appel au Peuple sachent exprimer contre nous :

« — A vous entendre, nous disent-ils, le « droit du Roi serait soumis au consentement « du peuple!. Or, c'est la négation de tous les « principes monarchiques. »

La doctrine que l'on nous prête n'a rien de

commun avec l'idée que nous défendons. Nous voulons que l'Appel au Peuple, ou, en d'autres termes, que la *Loi des majorités* devienne la base et l'origine, — *non pas du droit politique de la France*, rigoureusement fixé, depuis quatorze siècles, par la Constitution du Pays, — *mais du fait gouvernemental*, funestement soustrait à l'empire du droit, depuis soixante ans, par les continuelles usurpations de minorités révolutionnaires.

Qu'une distinction aussi simple ne trouve pas un facile accès dans quelques cerveaux obstrués par des passions notoires, ou seulement fermés aux idées vraies par d'invincibles partis-pris, nous nous en affligeons pour nos contradicteurs, mais non pas pour nous-même.

Nous personnellement affligé!... nous malheureux!.... et pourquoi?

Que faut-il à l'homme pour avoir le repos de l'esprit, une des premières conditions du bonheur sur la terre? Il faut l'inaltérable accord de sa pensée avec sa conscience. Il faut, en politique, à ses opinions, la base d'une conviction profonde. Or, il en est ainsi pour nous, nous le déclarons hautement, devant les hommes et devant Dieu.

Qu'on le comprenne donc : c'est un labeur stérile autant que sacrilége que de vouloir attenter aux légitimes satisfactions de notre conscience, en imposant à notre esprit, autrement que par une discussion persuasive, l'abandon d'une vérité plus claire que le jour même, à nos yeux. Devant une semblable tâche, succomberaient, à coup sûr, des hommes moins personnellement compromis que ceux dont l'or-

gueil en déroute s'est cru permis de la tenter.
Bien plus, une telle entreprise excéderait les
droits et le pouvoir de la Royauté elle-même.
Que disons-nous!.... Dieu, tout-puissant n'y
pourrait rien. Toute sa force infinie ne l'auto-
rise pas, en effet, à forcer notre libre arbitre
au renoncement d'une pensée consciencieuse,
sans que sa grâce nous ait convaincus!

Qu'on ne dise donc pas qu'à l'égal des fautes
pratiques de la direction parlementaire, essen-
tiellement sujettes au contrôle de l'auguste
Chef du parti, nos spéculations et nos idées re-
lèvent des arrêts de Wiesbaden. Quelle que soit
la pensée du prince, nous démentons formelle-
ment que jamais elle ait pu s'étendre à cette
impossible prétention. A vrai dire, sur un tel
sujet, c'était déjà bien trop d'un doute; et nous
en adressons le reproche sévère au burgrave
passionné qui n'a pas craint de le faire planer
sur le débat. De toutes ses fautes régicides,
cette dernière est encore la plus grave et la
plus funeste aux intérêts de notre foi.

Non, le Roi n'a pas voulu restreindre les droits
de notre conscience! Tout ce qu'il a pu faire a
été d'opposer à notre opinion son appréciation
personnelle.

« Mais c'est un immense malheur pour vous
« que cette différence d'opinion! » va-t-on nous
dire.

Non pas, si la divergence d'idées résulte nécessairement de la différence des points de vue,
et si nous pouvons, comme de fait, facilement
démontrer qu'Henri V est le seul Français qui,
sans forfaire au patriotisme, n'ait point à se
faire partisan d'un Appel à la France!

Nous connaissions, autrefois, au conseil d'administration d'une vaste entreprise, un certain trésorier dont la pratique constante était de voter systématiquement contre toute motion de nature à tirer de sa caisse le plus mince denier. La question de recette était tout pour cet économe-modèle; et, sans qu'il s'occupât du chiffre plus ou moins fort des dépenses discutées, sans qu'il s'inquiétât des motifs dont la discussion s'appuyait, son invariable penchant le constituait à l'état de protestation permanente, contre tout déboursé, fût-il même d'ailleurs unanimement résolu.

Nous prétendons voir un rapport entre l'attitude observée par ce rigide administrateur, austère personnification du principe d'économie, et l'attitude que doit prendre Henri V dans son exil, comme personnification du principe héréditaire. Assuré de son droit, qu'il sait, en quelque sorte, matérialisé dans le sang de ses veines, l'illustre rejeton de notre monarchie est seul à n'avoir pas besoin de l'appui d'une démonstration pour sa foi politique; toute discussion des bases de son autorité, doit, dèslors, lui porter ombrage et le faire opiner pour l'ordre du jour.

Et maintenant, si le Roi ne peut pas, ne doit pas aimer que la question même théorique de son autorité se discute, comment voulez-vous qu'il désire que la pratique en soit mise aux voix? Après tout, le principe qui vit en lui, qu'il a charge ici-bas de représenter, n'a pas besoin de régner pour être. Pourquoi donc notre prince se poserait-il en solliciteur de son peuple? En présence du souvenir tout récent de tant de diadèmes convertis en couronnes d'épines, le trône est-il bien séduisant?—Mais son rappel serait du moins le terme de l'exil; et l'exil c'est la mort pour un fils de France!—Et n'est-ce donc rien, pour la consolation de cet exil, que ce lien des âmes fidèles, chaque jour resserré depuis vingt ans, loin qu'il se rompe ou qu'il se distende, lien sublime de dévoûment et d'amour, qui rattache invisiblement le proscrit à son sol natal? Ajoutons que, quelle que soit sa douleur, au loin des horizons de France, elle serait doublée, s'il arrivait par impossible qu'à sa propre demande de revoir son Pays, un peuple égaré répondît par un aveugle arrêt de proscription nouvelle!... A tous ces points de vue, tirés directement de sa situation particulière, vous voyez bien qu'un vœu d'Appel au Peuple ne saurait s'élever du cœur de notre Henri. Aussi faut-il bien remarquer que cet Appel n'a jamais dû, suivant nous-même, émaner de son initiative personnelle.

Ce n'est pas en son nom, c'est au nôtre, que nous revendiquons un arrêt de la France : nous dont la souveraineté se trouve funestement lésée; nous qui souffrons dans tous nos intérêts; nous qui voulons, pour le présent, secouer le joug d'une odieuse minorité, et dérober notre avenir à la loi des émeutes tant faubouriennes que parlementaires; nous qui devons vouloir à tout prix sortir de ce grabuge, au fond duquel fermente une *question de vie ou de mort*; nous enfin qui, dans l'impossible hypothèse d'un vote inique de la nation, n'aurions rien à craindre de pire que le régime actuel, et que l'hypothèse opposée — seule probable assurément,

2*

rétablirait en possession de nos drapeaux et de notre prince.

N'est-ce pas assez clair, et faut-il rendre plus sensible encore, par une image, cette importante distinction, entre la situation d'Henri V et la nôtre, d'où procède le dissentiment?

Des voleurs ont commis un larcin ; est-ce l'objet même du larcin ou le propriétaire volé qui doit aller chercher justice chez le juge? Les voleurs sont les révolutionnaires constituants de 1830 et de 1848 ; l'objet du larcin, c'est le principe du droit héréditaire, propriété du peuple, nécessaire à sa prospérité, comme à sa grandeur, c'est Henri V, en d'autres termes, vivante personnification de ce principe; le propriétaire volé, enfin, c'est vous, c'est nous, c'est tout le peuple, que les minorités usurpatrices ont asservi.... Vous voyez bien que ce n'est pas à notre Henri, mais bien à nous, d'aller chercher justice auprès du juge, qui n'est autre que la France.

De tout ceci, nous concluons qu'il a été commis une faute par ceux de nos amis, hommes du Droit National, qui croyant obtenir en faveur de l'Appel au Peuple, à Wiesbaden, une sanction auguste méritée par leur foi profonde, sont allés au devant d'un avis nécessairement distinct de leur propre pensée. Noble faute que nous constatons seulement, sans la reprocher à personne! Nous-même, nous l'eussions commise avec joie. Elle se bornait, après tout, à l'inopportune expression de la Vérité, et n'excusera pas le crime de nos adversaires, consistant à la travestir!

IV.

L'Appel du Peuple.

Considérez un peu quelles tristes ressources nous opposent nos ennemis.

Ils prêtent par exemple à notre Roi ces étranges paroles. « Je ne suis pas pour l'Appel AU « Peuple, mais pour l'Appel DU Peuple! »

La belle découverte dont M. Berryer s'est avisé là! Et comme il est vraiment probable que l'élève politique de Châteaubriand ait prononcé jamais une telle parole!

L'Appel du Peuple... c'est fort bien; c'est notre but comme le vôtre. Mais de quelle manière y marchez-vous? Dites comment vous entendez que cette invocation de la France à son Roi, se prépare et se réalise.

Est-ce le peuple parisien qui devra prononcer cet appel, le peuple de la Place de Grève, un peuple de soixante conspirateurs et de deux cents barricadiers, stipendiés à vos frais, et armés en guerre? Ou bien est-ce le peuple de quelque bonne ville fidèle de l'Ouest ou du Midi, du Morbihan ou du Gard, du Roussillon ou de la Vendée? Hélas! les coups de main n'appartiennent ni de fait ni de droit à notre domaine. Et d'ailleurs, en consacrant pour aujourd'hui le droit de l'insurrection qui rappelle, vous consacrez aussi pour demain, le droit de l'émeute qui pourra chasser. Dégagez-vous de là, énormes logiciens qui repoussez l'appel au peuple, en tant que précédent révolutionnaire et funeste.

Vous vous dégagerez, mais c'est en protestant contre toute pensée de soulèvement militaire. Et nous, alors, de reprendre notre question:
—Dites comment vous entendez que l'Appel de la France à son Roi se prépare et se réalise?

Est-ce sous la pression des baïonnettes étrangères? Oh! fi donc, passons vite sur cette odieuse pensée, pour notre honneur à tous!

Est-ce par des transactions savantes faites au sein de l'Assemblée, de manière à concilier toutes les grandes influences parlementaires, et à provoquer quelque vote de Restauration monarchique, qu'on donnerait alors pour l'expression du vœu du peuple, parlant par ses représentants? Mais à supposer ce rêve possible, ce qui répugne, car les Chambres savent faire les Révolutions et ne les réparent pas, ce serait encore, là, créer un précédent mille fois plus révolutionnaire que celui dont on veut attacher le reproche à notre solution. 1830 et 1848 n'ont-ils pas prouvé le danger de placer dans les Assemblées toute la puissance constituante qui n'appartient qu'à la nation, unie à son prince?

Qui donc, enfin, dites-le-nous, prononcera ce bienheureux appel?

Vous répondez que rien n'est plus simple et que, tout naturellement, il ressortira de cette pression générale qui s'exerce, par l'opinion, sur tous les corps constitués et sur les pouvoirs, pour forcer l'adoption d'une mesure libératrice, quand un peuple est à bout de misère, de souffrances, de luttes et d'épuisement.

Nous pourrions reproduire ici les foudroyantes paroles qu'une plume éloquente, déjà citée dans ce travail, a fait pleuvoir sur cet affreux calcul, cette odieuse spéculation qui prend pour point d'appui le deuil de la patrie; mais nous attachons moins de prix à vous écraser qu'à vous convaincre.

Quelle dangereuse illusion ne vous faites-vous pas, quand vous croyez qu'un mouvement spontané des masses pourra jamais forcer la main à des pouvoirs que le fait accompli soutient et favorise! Sans parler de la résistance assurée de ces pouvoirs qui ne se laisseraient pas apparemment périr sans se défendre, nous nous bornons à vous prédire que la nation ne vous fournirait pas, contre le gouvernement établi, la manifestation des vœux indiqués par votre hypothèse.

Quelles circonstances pourront jamais se présenter, plus favorables au rêve par vous formé, que celles qui suivirent nos deux révolutions dernières? Quand donc trouverez-vous, par exemple, un peuple plus radicalement monarchique, ou plus unanimement hostile aux invasions de l'anarchie qu'au lendemain des trois journées de Juillet, alors que, sauf une vingtaine d'orléanistes conspirateurs, fortifiés à Paris d'une centaine de républicains fabricateurs d'émeutes, toute la France, et les propres complices du mouvement, eux-mêmes, regrettaient à voix haute un dénoûment tragique que nul n'avait pu pressentir? Eh bien! qu'a fait ce peuple pour relever le trône? Il lui suffisait d'élever la voix, et les princes ne quittaient même pas la terre de France.... Pourtant l'exil s'ouvrit pour eux, et la Révolution pour nous-mêmes.

Et dix-huit ans plus tard, au fameux Février,
quelle stupéfaction, quel ébahissement, dans
toute la France, pour les masses, pour la bour-
geoisie, pour les innombrables peureux, lors-
qu'au seuil du Pays le fantôme républicain,
souleva sa face livide! Et pourtant, de toutes
ces âmes vouées intérieurement au deuil du
régime royal, autant qu'à l'exécration des théo-
ries nouvelles, quel appel collectif avons-nous
entendu se produire au retour de la Royauté?

Dans l'un et l'autre de ces exemples, les protestations du peuple n'auraient eu pourtant
devant elles que des pouvoirs naissants, débi-
les, hésitants, inaffermis; et la partie, sous ce
rapport ne deviendra jamais plus belle. Mais
concédons à l'hypothèse. Supposons un instant
que les temps sont venus; la Révolution est
mûre, disons mieux, elle a pourri sur sa tige;
il y a lieu d'ouvrir une nouvelle phase politique,
et de rétablir à la fin la légitime monarchie,
pour sauver l'avenir. Un grand personnage
parlementaire va donc partir pour Frohsdorf,
et se présentera devant le Roi, qu'il saluera par
ces mots : — « Sire, *la France vous appelle!* »
Là-dessus, Henri V fera ses paquets de voyage,
il repassera la frontière, arrivera à Paris. Et la
Restauration sera faite. Et tout sera dit.

Rien ne semble plus simple; mais, dans la
politique, ce n'est pas ainsi que procèdent les
choses.

A l'ambassadeur qui lui aura tenu le langage
court et bon que nous venons d'écrire, Henri V
devra faire exhiber ses lettres de créance, pour
en faire dépendre ses résolutions et sa réponse.

En d'autres termes, avant que de se mettre

en route pour la France, le Roi devra savoir si c'est avec ou sans mandat du véritable peuple qu'on est venu solliciter son retour.

Si le mandat était absent, Henri V se devra d'ajourner son départ. Il songera que reconnaître à des hommes d'Etat, même à des Parlements, le droit de prendre sur eux seuls la détermination du destin des empires, c'est compromettre l'avenir; puisque des hommes de révolution, et des assemblées séditieuses pourront revendiquer le même droit à leur tour, pour briser encore une fois la couronne. Le 30 Juillet 1830, M. Dupin et M. Thiers allèrent, eux aussi, dire à M. le duc d'Orléans : — « Prince, la France vous appelle! » Et, par le fait, la France dont ils parlaient ainsi se réduisait à quelques députés rebelles.

Pour remonter au trône, le principe qu'Henri V représente ne peut pas suivre le chemin tracé pour le proscrire, par l'infernal génie des abîmes et du mal.

Mais le mandat existera, nous direz-vous, et l'interlocuteur du Roi, dans cette négociation solennelle, sera l'ambassadeur non du Parlement mais du peuple; non de M. Thiers mais de la France.

Eh! bien, ce mandat supposé ne suppose-t-il pas, à son tour, une délégation préalable et formelle du peuple, réalisée sérieusement, avec assez de mesure et de régularité pour que les opposants en soient réduits à laisser faire, par l'assurance acquise de leur nombre inférieur? Le tout ensemble suppose donc, enfin, comme on voit, la balance officielle des vœux de tout le peuple entre la République et la Monarchie , et son vote définitif pour fixer, en faveur de l'un de ces deux termes, l'importante question de majorité.

Et nous voici rentrés en plein Droit National! Et notre indomptable athlète de Provence, M. Billot, avait donc bien raison d'écrire, ces jours derniers, dans son *Étoile des Bouches-du-Rhône*, que l'Appel DU Peuple à son Roi supposait nécessairement un Appel fait AU Peuple : le premier servant de réponse au second.

Ainsi, vous le voyez, messieurs de la direction parlementaire, votre jeu de mots vous coûte cher. Vous vouliez immoler aux rancunes de votre orgueil une doctrine irréfragable, et sa vérité s'illumine du feu même de vos attaques. Malheureux fournisseurs des armes qui vous tuent!... C'est qu'on ne lutte pas impunément contre des idées justes, et le ridicule fait partie des expiations réservées par le Ciel et par la logique aux ennemis systématiques de la vérité.

V.

La Circulaire-Barthélemy.

Tout dernièrement, notre spirituel confrère, M. Charles Muller, dans l'*Indépendant de l'Ouest*, saisissait ainsi son public du fait de la trop fameuse circulaire :

« J'avais reçu depuis quelque temps, et laissé
« passer inaperçue *une certaine lettre autogra-*
« *phiée, portant la signature d'un brave garçon de*
« *mes amis...* »

Ce peu de mots laisse percer l'appréciation la plus exacte et, pour l'expression, la plus heureuse qu'on ait pu faire du document qui nous occupe, et que les adversaires de nos principes se sont artificieusement empressés d'élever, avec tant d'éclat, à la hauteur d'un manifeste quasi-royal.

Nous ne nous y étions pas mépris, pour notre compte. Dans les diverses phases de nos modestes travaux, au camp de la légitimité, nous avions eu lieu plusieurs fois de recevoir nous-même les communications circulaires du Comité central d'élections, dont M. de Barthélemy, bon royaliste, mais homme nouveau et jeune encore, est depuis quatre ans secrétaire.

Nous dirons le motif pour lequel nous avions cessé tout rapport avec ce centre d'influences.

Personne n'ignore, apparemment, que la lutte aujourd'hui reprise, avec un fracas si pénible, entre les hommes d'absolutisme et les progressistes du parti, date, non-seulement des jours les plus anciens de l'usurpation de 1830, mais de toutes les époques où l'idée monarchique est tombée dans la discussion.

Pendant toute la durée du dernier règne, M. Berryer d'une part, et de l'autre M. de Genoude, personnifiaient les deux systèmes opposés. Continuellement en présence, leurs influences respectives naturellement se combattaient : l'une astucieuse, souterraine, envenimée, procédant par les insinuations passionnées et les réticences, pénétrant les salons aristocratiques sous l'habit noir, et les châteaux sous l'enveloppe épistolaire; l'autre, toujours logique, lumineuse, raisonnée, souvent, trop souvent indulgente, se

développant par les discussions à la face du Ciel,
s'adressant, non pas aux passions, mais à l'in-
telligence, établissant son règne par la persuasion, dans la demeure du pauvre comme dans
les séjours de l'opulence, chez le petit comme
chez le grand, chez le bourgeois bon Français,
comme chez le noble sagement patriote. L'influence de Genoude n'avait pour moyen d'action et pour arme que son journal, la *Gazette
de France;* de son côté, quoique fournie déjà
d'un canal complaisant, par l'adhésion de plusieurs journaux dévoués à son action parlementaire, l'influence de M. Berryer, faute
d'oser porter en plein jour ses rancunes person-
nelles, ses infirmités dogmatiques, et toute
l'âpreté de son antagonisme, s'était donné,
pour instrument secret, l'active correspondance
d'un bureau quelquefois électoral.

C'est pour avoir surpris, par nous-même,
dans le travail de cette correspondance, qui
souvent nous parvenait, une pensée persévé-
rante de détestation et de guerre, et surtout
une tendance anti-libérale qu'on ne prenait
d'ailleurs pas toujours la peine de dissimuler,
c'est pour cette remarque, disons-nous, que
nous, partisans dévoués du Droit National, nous
nous sommes détaché de nos rapports avec
cette officine de compromission politique pour
le parti, autant que de jalousie et de haine.
Plus que personne autre en ce monde, nous
étions du reste en mesure d'apprécier la criante
injustice d'attaques adressées aux sentiments,
au caractère et jusqu'aux intentions d'hommes
irréprochables, à la vie intime desquels toute
notre vie passée se reliait.

Voilà ce que nous savions depuis long-temps, et ce qui nous priva de partager les vives émotions causées autour de nous par la dernière circulaire. Rien qu'à voir cette pièce afficher le cachet de la Rue Mont-Thabor, appuyé sur nos souvenirs, nous avions pressenti d'avance et sa nature et son esprit, sinon son objet véritable.

La surprise ne naquit même pas pour nous, après lecture; une lettre pareille étant dans l'ordre naturel des représailles inspirées à la direction *douairiste* et burgravienne, par sa condamnation subie à Wiesbaden. Nous ne vîmes, là, que la prolongation d'une œuvre ténébreuse remontant à bien des années, et procédant, pour cette fois, par la simple réimpression du dernier protocole de M. Poujoulat le parlementaire, lequel protocole n'était lui-même qu'une seconde édition des lettres encore récentes de M. Laboulie : Laboulie comme Poujoulat, amis familiers de M. Berryer, et ses collègues, l'un et l'autre, dans la députation de Marseille. Tous trois vivement secoués, depuis plus d'un an, sur leurs siéges législatifs, par le cauchemar menaçant du Droit National, assez vigoureusement fondé dans les Bouches-du-Rhône, pour qu'à des élections prochaines aucun d'eux n'ait la certitude d'affronter sans péril l'épreuve du vote universel.

Et comment des hostilités fondées sur autant de motifs, auraient-elles pu nous surprendre?

Encore moins devaient-elles jeter le souci dans nos âmes! On ne s'inquiète guères de haines émoussées par l'impuissance et la caducité. Or, celles-ci nous rassuraient, d'un côté par leur âge, de l'autre par le souvenir de cent

échecs déjà subis. N'étaient-ce pas les mêmes
qui, prononcées avec non moins d'aigreur contre le vote universel, sur le déclin du dernier
règne, n'avaient pas empêché Genoude, notre
illustre maître, de faire sa trouée, par la réforme
électorale, dans le double rempart du monopole et de l'usurpation?

Encore une fois, point d'inquiétudes dans
notre âme, sous le feu de la circulaire; nulle
crainte, nul découragement, nulle sinistre ap-
préhension de l'avenir; bien au contraire,
tout espoir !

Oui, la lettre-Barthélemy double toutes nos
espérances. Qu'on observe, en effet, dans les
rangs des partis, les résultats précieux de son
passage d'un jour.

Entraînés par l'instinct d'une rivalité constante, toutes les nuances révolutionnaires se
sont, par leurs organes, jetées unanimement
sur cet écrit. C'était une faute grave que com-
mettait une fraction du parti royaliste, en bri-
sant avec la doctrine si justement populaire de
l'Appel au Pays : sans prendre la peine d'atten-
dre, pour voir si la majorité de nos forces s'as-
socierait ou non à cet écart du bon sens politique et de la vérité, républicains rouges et
bleus, écrivains napoléoniens et orléanistes,
empressés d'exploiter à leur profit cette faute,
se sont étourdiment rués sur nous. Il faisait
bon de les entendre fulminer, à l'envi, leurs
plus forts anathèmes contre cet incorrigible
parti royaliste, qui prétendait, sans le concours
avoué du peuple, ramener impertinemment
son principe et son Roi !

Et ces braves journaux, tout entiers au plai-

sir de leur charge au galop sur l'absolutisme
en déroute, ne s'apercevaient pas que, dans le
même temps, laissant à ses Burgraves seuls
la responsabilité de la circulaire, et fidèle
quand même à sa foi dans les principes nationaux, la grande majorité de l'opinion légitimiste, la fraction la plus ferme et la plus in-
domptée, le parti du Droit National, en un mot,
prenait note attentivement des engagements
indirects de leur polémique, en faveur d'une
application loyale de la Souveraineté du Pays.

Et maintenant, essayez donc de vous réim-
poser encore, citoyens révolutionnaires du
Peuple, de la *Presse,* de la *République* et de
l'*Evènement!* Et, suivant la logique formelle de
vos propres attaques, nous allons exiger de
vous que vous ne touchiez plus au pouvoir,
sans avoir consulté la France.

Montrez-vous, de votre côté, pour reconstituer l'édifice de votre règne, orléanistes de
l'*Ordre* et des *Débats!* Et nous vous gardons en
réserve ce même cri d'Appel au Peuple dont,
par besoin de nous combattre, vous fîtes, ces
jours passés, une arme contre nous.

Et vous aussi, bonapartistes de l'Elysée, garde
à vous!.... Mais non, de votre part du moins,
la défense et l'exaltation du scrutin national à
qui vous devez tout, et de qui vous espérez
tout encore, paraissent et logiques et sincères.
Déjà même, exploitant la faute commise sous
notre drapeau, vous faites circuler à l'ombre
du vôtre, la promesse assez vague d'un pro-
chain Appel au Pays. Merci Dieu!.... nous ne
devons donc plus désespérer d'obtenir une con-
sultation solennelle de la France. Pauvres bur-

graves, voici donc ce terrible objet de tous vos mauvais rêves qui se glisse à l'ordre du jour ; et c'est précisément en vertu de vos peines pour lui couper le chemin... Qu'il passe donc ! Le peuple et Dieu feront le reste !

Mais laissons les autres partis : les profits que nous tirerons de la lettre-Barthélemy, doivent être étudiés surtout dans son action sur le nôtre.

Cette lettre phénoménale, le bruit qu'elle a causé, les réactions qu'elle soulève, les exécutions décisives qui vont s'en suivre, dans nos rangs, de quelques mauvais soldats, voir même de quelques chefs équivoques, tout cela n'a qu'un sens et qu'une portée : le parfait dégagement de nos voies, hors des sentiers perdus du système de bon plaisir.

Il fallait qu'à la face du peuple, à la pleine clarté du jour, une lutte définitive s'engageât entre *les deux Écoles,* entre l'absolutiste et l'homme de liberté ! Il était encore, parmi nous, d'incorrigibles talons rouges, des voltigeurs de la Régence et d'absurdes figurants de l'Œil-de-Bœuf. Alerte, messeigneurs, assez d'ombre a pesé sur vos faces ridées, sur vos modes grotesques et vos doctrines à l'avenant ! Produisez-nous, enfin, sous la lumière du Ciel, tout votre luxe d'antiquailles ! Une nation jeune, intelligente, progressive, pour faire, une dernière fois, de vos vices, de vos ridicules et de vos travers, une étude instructive, consent à vous donner un dernier regard. Apparaissez donc, au plutôt, dans toute la pompe solennelle de vos grands airs gothiques ! Apparaissez ... mais passez vite ! car la nation n'a pas beaucoup de temps à perdre en spectacles comiques; et pour céder enfin aux pentes de son âme, comme à ses intérêts qui l'entraînent définitivement vers notre monarchie, il lui tarde qu'écrasés par la verve publique, vous ayez disparu d'entre nous à jamais!

Nous entendons gémir quelques cœurs sensibles et timorés. On murmure, près de nous, les mots de querelles fratricides et de pénible scandale. Les discussions domestiques, nous dit-on, ne profitent, tout au plus, qu'à l'amusement du voisinage. On ajoute ce mot usé : qu'il faut au moins savoir *laver son linge sale en famille*. Mais, la famille, il nous semble que c'est bien un peu la France ; et nous, ses fils, nous insistons pour que, juge impartial entre les fractions royalistes, elle veuille décider laquelle des deux nuances, pour s'être le moins salie dans les compromissions de la politique commode, du silence et de la peur, a plus de droits à *blanchir* l'autre.

VI.

Conclusion.

La conclusion logique de ce travail, c'est que les hommes du Droit National, suivant nous, n'ont pas à s'affecter, mais à se réjouir, de la crise présente de nos affaires.

Tous les incidents de détail dont le voyage de Wiesbaden fut l'occasion ou l'origine, doivent s'éteindre et s'absorber dans ce grand évènement d'une solennelle rencontre entre des milliers de Français fidèles, et le prince que des voix inspirées ont appelé déjà le Roi de l'avenir.

Ne laissons pas, à aucun prix, s'affaiblir dans l'esprit public ces favorables impressions, généralement ressenties, en France, d'après les récits unanimes de tant de dignité d'esprit, de vivacité de cœur, d'élévation de sentiments, de noblesse de manières, dans l'auguste personne de notre Dieudonné; de tant d'enthousiasme et d'espoir partagés instinctivement par chacun de ses visiteurs.

Ne laissons pas oublier son accueil paternel aux ouvriers, aux paysans, aux plus modestes prolétaires, à tous ses amis, en un mot, de la condition la plus humble, sans nulle distinction du pèlerin opulent ou titré.

Ne laissons pas non plus effacer de l'histoire ces belles paroles qu'il a fait entendre encore, pour l'expression sommaire de ses sentiments nationaux : «*Par la France ou pas!*»

Ne laissons pas enfin soustraire à l'attention des vrais légitimistes, à l'estime de nos amis, ces jugements si sains, émanés publiquement de sa bouche, sur la nécessité de modifier, à l'avenir, toute la tactique observée depuis deux ans par la Droite parlementaire : condamnation nécessaire pour répondre au vœu de nos masses, et relever le moral en même temps que les intérêts du parti.

Auprès de ces grands résultats, obtenus des rapprochements de Wiesbaden, il ne peut y avoir que des niais ou des ennemis pour attribuer quelque importance aux vaines tentatives formées par quelques esprits faux autant que haineux, en vue de monter un coup mortel contre la simple propagande d'une idée. Forte de sa logique et des profondes convictions qui l'appuient, l'idée vivra quand même; et l'Appel au Peuple fera son chemin, sous la protection du plus sacré des droits: celui de l'inviolabilité des consciences.

Cependant, nous ne nous le dissimulons pas, plus large nous ferons la part des droits de la conscience, et plus nous devrons nous garder de ses erreurs. Autrement, toute légitime qu'elle est, notre doctrine sur ce point aurait un effet déplorable : celui de réserver une excuse toujours prête, au service de ces fous qui, décorant du nom d'idées sincères les passions systématisées dont ils sont les esclaves, n'hésitent pas à sacrifier, pour d'indiscutables chimères, non seulement leur repos et leur vie, mais le bon ordre des États et l'équilibre des sociétés.

Nous avons donc quelque chose à faire, hommes du Droit National, pour justifier du caractère sérieux et logique de nos convictions, et ce travail sera, nous le répétons, au profit de l'indépendance de nos convictions elles-mêmes.

Nous engagerons l'esprit public, nous forcerons nos ennemis eux-mêmes à respecter l'affranchissement tout rationnel de notre marche, si nous éclairons nos sentiers, si nous inondons notre voie des plus éclatantes lumières.

Dans ce but, nous croyons qu'aujourd'hui rien ne serait plus efficace et plus pratique que de convoquer, par l'organe de nos chefs de Paris, un Congrès immédiat des hommes de dévoûment qui, dans chaque province, ont donné, jusqu'à ce jour, au mouvement de l'Appel au

Peuple, une impulsion active et une direction constatée.

Une pareille réunion représenterait l'élite des hommes du Droit National, et rien ne serait plus aisé que d'y rédiger nettement, sous le contrôle collectif d'une discussion approfondie, un formulaire définitif, en forme de Programme ou de Manifeste, qui, présentant l'Appel au Peuple dans tout l'éclat de son orthodoxie, tracerait à nos écrivains comme à nos orateurs, sur ce sujet vital, un ordre de développements dans lequel ils pourraient asseoir, imperturbablement, en même temps que leur foi, leur accord et leur polémique.

Nous sommes assuré d'avance que la publication de ce Manifeste du vrai Droit National, réparerait avantageusement tous les ravages que l'autre Manifeste, œuvre de réaction, rancunière et de haine, a malheureusement causé parmi nos rangs, et, disons mieux, dans toute la France.

Mais nous croyons entendre se récrier quelques voix, sur ce simple énoncé d'une chance d'antagonisme organisé, sans ménagements entre les hommes du Droit National et les hommes désignés à Wiesbaden pour mener notre politique, entre des royalistes et les ministres *in partibus* de la Royauté.

Des ménagements ?... l'intérêt des principes nationaux de notre patrie nous impose de n'en accorder à personne, hors des voies de la vérité ; à personne qu'au prince auguste sur le front même duquel cet intérêt sacré rayonne. Quant aux hommes qu'il avait daigné choisir pour le représenter en France, et qui se sont tellement hâtés de le desservir, nous protestons contre l'obligation qu'on voudrait nous faire de les suivre aux abîmes qu'il nous ouvriraient. Nous devons, à tous les égards, réserver envers eux, ministres ou non ministres, les droits les plus vulgaires de notre liberté. Hommes, nous répugnons à l'obéissance passive de l'esclave ; Français, nous répudions pour l'avenir de notre pays la chaîne d'une absolutisme dont nous serions rendus complice par trop de docilité ; Royalistes, nous avons motif de suspecter certains des chefs qu'on nous adresse, et nous voulons en toute indépendance pouvoir veiller de près à l'observation du nouveau Programme de Droite, imposé par l'opinion et dicté par le prince à l'ami complaisant de Thiers.

Nous insistons, par conséquent, sur notre demande d'un congrès du Droit National, pour l'époque la plus prochaine. Le principe royal a tenu ses Assises, utilisées par notre Henri pour parler à la France. Il faut que le principe national ait à présent les siennes, que nous saurons mettre à profit pour éclairer le Roi.

Perpignan, ce 29 septembre 1850.

Paul de Lourdoueix.

ancien Rédacteur en Chef de la *Gazette d'Auvergne*. Fondateur de l'*Intérêt Public* de Caen, de l'*Ami de l'Ordre* d'Amiens, de la *Gazette de Provence* de Marseille et de l'*Étoile du Roussillon*. — Fondateur, Membre titulaire ou Correspondant honoraire de la plupart des *Sociétés* populaires du DROIT NATIONAL du Midi.

www.ingramcontent.com/pod-product-compliance
Lightning Source LLC
Chambersburg PA
CBHW051737050726
47598CB00003B/1221